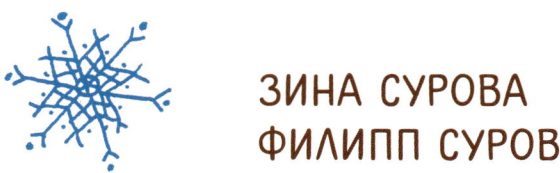
ЗИНА СУРОВА
ФИЛИПП СУРОВ

ЗАНИМАЛКИ

УВЛЕКАТЕЛЬНЫЕ ЗАНЯТИЯ ДЛЯ ДЕТЕЙ
И РОДИТЕЛЕЙ

ЗИМА

твоё имя:

ИЗДАТЕЛЬСТВО
«МАНН, ИВАНОВ И ФЕРБЕР»
МОСКВА
2014

СНЕГОВИКИ

Пришла зима, выпал снег. Пора лепить снеговиков! Снеговик получится необычным, если украсить его забавными деталями.

НАБОР ДЛЯ СНЕГОВИКА

ГОЛОВНЫЕ УБОРЫ

 НОС ДЕЛАЕМ ИЗ МОРКОВКИ. ЧТОБЫ ОНА ЛУЧШЕ ДЕРЖАЛАСЬ, ВСТАВЬ В НЕЁ ПАЛОЧКУ.

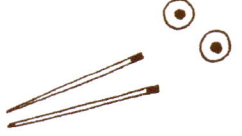 ГЛАЗА И РОТ МОЖНО ВЫЛЕПИТЬ ИЗ ПЛАСТИЛИНА ИЛИ ПЛАСТИКИ И ТОЖЕ ЗАКРЕПИТЬ НА ПАЛОЧКАХ.

 А ЭТО ГЛАЗА ИЗ ПУГОВИЦ ИЛИ БУСИН

 НАЙДИ САМЫЕ БОЛЬШИЕ ПУГОВИЦЫ ДЛЯ КОСТЮМА СНЕГОВИКА. ШПИЛЬКА ИЛИ ПРОВОЛОКА ПОМОГУТ ИХ НАДЁЖНО ЗАКРЕПИТЬ.

 СНЕЖНОЙ БАБЕ ПРЕКРАСНО ПОДОЙДЁТ ОЖЕРЕЛЬЕ ИЗ ЯГОД РЯБИНЫ. А МОЖНО ВЗЯТЬ И НАСТОЯЩИЕ БУСЫ.

 СНЕГОВИКУ МОЖНО ДАТЬ МЕТЛУ ИЛИ ФЛАГ, КОТОРЫЙ ТЫ САМ ПРИДУМАЕШЬ.

 КОСИЧКИ ИЗ ВЕРЁВОЧКИ

 НЕ ЗАБУДЬ ЗАХВАТИТЬ СТАРЫЙ ШАРФ И НЕПАРНЫЕ ПЕРЧАТКИ ИЛИ СТАРЫЕ ВАРЕЖКИ.

 В ЕВРОПЕ В ЭТОТ НАБОР ЧАСТО ВХОДИТ ИГРУШЕЧНАЯ КУРИТЕЛЬНАЯ ТРУБКА. ЕЁ МОЖНО ВЫЛЕПИТЬ ИЗ ПЛАСТИЛИНА. СНЕГОВИКУ КУРЕНИЕ ТОЧНО НЕ ПОВРЕДИТ.

СНЕГОВИКИ БЫВАЮТ ГРУСТНЫЕ, ВЕСЁЛЫЕ, СЕРДИТЫЕ, ЗАДУМЧИВЫЕ, ДОБРОДУШНЫЕ... КАКОГО СДЕЛАЕШЬ ТЫ?

ЭТОТ СНЕГОВИК СИДИТ НА СКАМЕЙКЕ. ОН ОБУТ В МАЛЕНЬКИЕ САПОЖКИ.

СНЕГОВИКИ БЫВАЮТ ОЧЕНЬ БОЛЬШИЕ И ОЧЕНЬ МАЛЕНЬКИЕ. ЗА ГОРОДОМ МОЖНО СООРУДИТЬ С ПОМОЩЬЮ ВЗРОСЛЫХ НАСТОЯЩЕГО СНЕЖНОГО ВЕЛИКАНА!

ИЛИ НАОБОРОТ, СЛЕПИТЬ МАЛЫША, КОТОРЫЙ БУДЕТ ЖИТЬ ЗА ОКНОМ.

ИЗ СНЕЖКОВ ЛЕГКО СДЕЛАТЬ МНОГО МАЛЕНЬКИХ СНЕГОВИЧКОВ, ЦВЕТНЫЕ СТАКАНЧИКИ БУДУТ ИМ В САМЫЙ РАЗ ВМЕСТО ШЛЯП.

ПОСТРОЙТЕ ВСЕЙ СЕМЬЁЙ ТАКОГО СНЕГОВИКА — ЭТО ЗАПОМНИТСЯ НАДОЛГО!

ВОТ СНЕГОВИК-МАМА. ЕСЛИ СДЕЛАТЬ В СНЕЖНОМ ШАРЕ УГЛУБЛЕНИЕ, ТАМ ПОМЕСТЯТСЯ МАЛЫШИ.

ЗИМНЯЯ ОДЕЖДА

ЗИМОЙ ХОЛОДНО, И НАМ ПРИХОДИТСЯ ДОЛГО ОДЕВАТЬСЯ. НО СРЕДИ ЗИМНИХ ВЕЩЕЙ ЕСТЬ МНОГО КРАСИВОГО И НЕОБЫЧНОГО. БЫСТРЕЕ НАТЯГИВАЙ ШАПКУ И ОТПРАВЛЯЙСЯ НАБЛЮДАТЬ, КТО КАК ОДЕТ. ОТМЕТЬ, ЧТО УВИДИШЬ, И НАРИСУЙ СВОЮ ЛЮБИМУЮ ЗИМНЮЮ ОДЕЖДУ.

- ВАРЕЖКИ, ВЯЗАННЫЕ ВРУЧНУЮ
- МИТЕНКИ
- ШАПКА С ОЛЕНЕМ
- ФИНСКИЙ ШЛЕМ
- КАРАКУЛЕВАЯ ШАПКА
- ДЛИННАЯ ШУБА С КАПЮШОНОМ
- ЦВЕТНАЯ ШУБА
- ШУБКА С ПОМПОНАМИ
- ТВОЯ ЛЮБИМАЯ ЗИМНЯЯ ОДЕЖДА
- ШАПОЧКА В ВИДЕ ЖИВОТНОГО
- ШАПКА-УШАНКА
- ПОЛОСАТЫЙ ШАРФ
- КУРТКА В ГОРОШЕК И В ПОЛОСКУ
- СВИТЕР С ОЛЕНЯМИ
- ВАЛЕНКИ
- ПОЛОСАТЫЕ ГЕТРЫ
- УНТЫ
- РОЗОВЫЕ УГГИ

ЗИМНЯЯ НАХОДИЛКА

ОТПРАВЛЯЙСЯ НА ПРОГУЛКУ, НАЙДИ И ОТМЕТЬ ТО, ЧТО НАРИСОВАНО НА КАРТИНКАХ.

○ КАК УБИРАЮТ СНЕГ

○ СНЕГ ХЛОПЬЯМИ

ЗИМА

НАЙДИ ПРЕДМЕТЫ НА КАЖДУЮ БУКВУ ЭТОГО СЛОВА

○ МАШИНА ПОД СНЕГОМ  ○ ТАБЛО С ТЕМПЕРАТУРОЙ  ○ ЗОНТИК В СНЕГУ

ЗИМОЙ РАНО ТЕМНЕЕТ И ЗАЖИГАЮТСЯ УЛИЧНЫЕ ФОНАРИ. НАЙДИ ДЕСЯТЬ РАЗНЫХ ФОНАРЕЙ.

○ СЕВЕРНОЕ СИЯНИЕ

○ ЁЛКА ПОД СНЕГОМ

○ СЛЕДЫ ЗВЕРЕЙ И ПТИЦ НА СНЕГУ

○ САМАЯ БОЛЬШАЯ СОСУЛЬКА

○ ЛОШАДЬ С САНЯМИ

○ ЧЕЛОВЕК-МОРЖ

○ РЫБАК У ПРОРУБИ

○ ЧТО ЕЩЁ НАШЁЛ ТЫ ЗИМОЙ?

○ ЗИМНИЙ ДУБ

ЭТОТ ДУБ НЕОБЫЧЕН ТЕМ, ЧТО НЕ СБРАСЫВАЕТ НА ЗИМУ ЛИСТЬЯ, А СТОИТ ДО ВЕСНЫ С ПОЖЕЛТЕВШЕЙ КРОНОЙ.

○ ЗАЯЦ-БЕЛЯК

МНОГИЕ ЖИВОТНЫЕ МЕНЯЮТ ЗИМОЙ СВОЮ ШУБКУ. ВСЁ КРУГОМ БЕЛОЕ, И ШЁРСТКА ЗАЙЦА-БЕЛЯКА ТОЖЕ СТАНОВИТСЯ БЕЛОЙ.

○ БЕЛКА

ОБРАТИТЕ ВНИМАНИЕ: ЗИМОЙ БЕЛКА СЕРАЯ, А НЕ РЫЖАЯ. РЫЖИМИ ОСТАЛИСЬ ТОЛЬКО ЛАПКИ И МОРДОЧКА.

ПТИЦЫ ЗИМОЙ

На зиму одни птицы улетают в тёплые страны, а другие остаются зимовать или кочуют с места на место. Птиц, нарисованных на этой странице, ты можешь встретить на улице, в парке, на даче, в лесу. Отметь, кого тебе удалось увидеть.

○ ПОПОЛЗЕНЬ ○ СИНИЦА ○ ВОРОБЕЙ ○ СНЕГИРЬ

○ КЛЁСТ ○ СОЙКА ○ СВИРИСТЕЛЬ ○ ДЯТЕЛ

Чтобы помочь птицам перенести холода́, нужно сделать для них кормушки. При этом важно:

- Защитить корм от воды и снега.
- Размещать кормушки для больших и маленьких птиц подальше друг от друга.
- Следить, чтобы в кормушке не кончался корм. Птицы привыкают к постоянным местам кормёжки.
- Не кормить птиц хлебом, особенно ржаным, а также сладкими, солёными и жареными продуктами.

ПТИЧЬЕ МЕНЮ

СИНИЦЫ, ПОПОЛЗНИ, ВОРОБЬИ: ягоды рябины, семечки подсолнечника, тыквы, орехи, несолёное сало.
СНЕГИРИ, СВИРИСТЕЛИ: гроздья калины, бузины, рябины, початки кукурузы, изюм, яблоки.
ДЯТЛЫ, СОЙКИ: орехи, жёлуди, сало.
КЛЁСТЫ: шишки.
ГОЛУБИ: просо, пшеница, овсянка, кукуруза, семечки подсолнечника, ячмень.
ВОРОНЫ, СОРОКИ: нежирные мясные продукты, суповые наборы, овощи, орехи.
УТКИ И ДРУГИЕ ВОДОПЛАВАЮЩИЕ ПТИЦЫ: пшеница, овсянка, зелень.

○ ГОЛУБЬ ○ ВОРОНА ○ СОРОКА ○ КРЯКВА, САМЕЦ (СЕЛЕЗЕНЬ) ○ КРЯКВА, САМКА

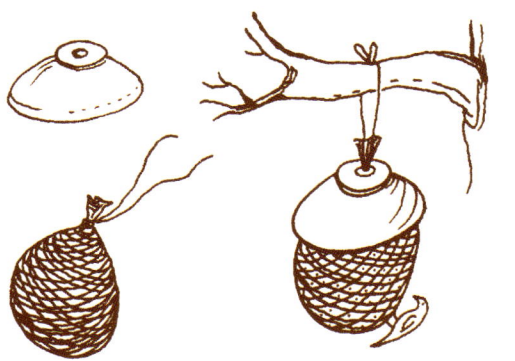

КОРМУШКА «ЖЁЛУДЬ»

ПОЛОЖИ В СЕТКУ ОТ ОВОЩЕЙ КРУПНО НАРЕЗАННЫЙ КОРМ. СДЕЛАЙ КРЫШКУ, ЧТОБЫ ЗАЩИТИТЬ КОРМ ОТ СНЕГА. ДЛЯ ЭТОГО ПОДОЙДЁТ ЦВЕТОЧНЫЙ ГОРШОК ИЛИ ТОЛСТАЯ ПЛАСТИКОВАЯ ТАРЕЛКА С ПРОДЕЛАННОЙ В НЕЙ ДЫРКОЙ.

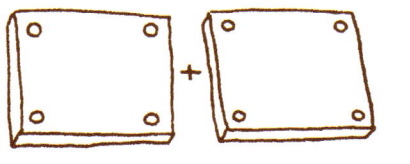

СЪЕДОБНАЯ КОРМУШКА

КОРМУШКА ИЗ ДВУХ ПАКЕТОВ ОТ СОКА

1 РАЗРЕЖЬ ПАКЕТЫ

2 СОЕДИНИ ДВА ПАКЕТА И ОБМОТАЙ ЦВЕТНЫМ ИЛИ ПРОСТЫМ СКОТЧЕМ

КОРМУШКА-ГИРЛЯНДА

ПРОЧНАЯ ДЕРЕВЯННАЯ КОРМУШКА

ТУТ ПОТРЕБУЕТСЯ ПОМОЩЬ ВЗРОСЛОГО, СТОЛЯРНЫЕ ИНСТРУМЕНТЫ И СТОЛЯРНЫЙ КЛЕЙ ПВА.

1 ПРОСВЕРЛИТЕ ДЫРОЧКИ В УГЛАХ ДОЩЕЧЕК ПЕРЬЕВЫМ СВЕРЛОМ [D=15–20 ММ].

2 ЗАГОТОВЬТЕ 4 ПАЛОЧКИ. ИХ ТОЛЩИНА ДОЛЖНА БЫТЬ ЧУТЬ БОЛЬШЕ ОТВЕРСТИЙ В ДОЩЕЧКАХ. ПАЛОЧКИ МОЖНО СРЕЗАТЬ МОЩНЫМ СЕКАТОРОМ ИЛИ ОТПИЛИТЬ. ОСТАВЬТЕ КОРОТКИЕ СУЧКИ – ПТИЦАМ ПОНРАВИТСЯ НА НИХ СИДЕТЬ.

3 НЕМНОГО ЗАОСТРИТЕ НОЖОМ КОНЦЫ ПАЛОЧЕК, ЗАТЕМ ПРОМАЖЬТЕ ИХ КЛЕЕМ И ЗАБЕЙТЕ В ОТВЕРСТИЯ ДОЩЕЧЕК. ПОЛЬЗУЙТЕСЬ ДЕРЕВЯННОЙ ИЛИ РЕЗИНОВОЙ КИЯНКОЙ.

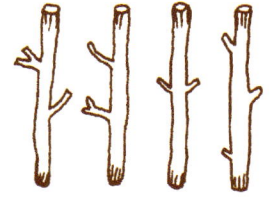
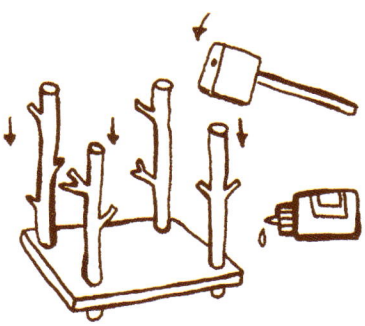

4 ЧТОБЫ СДЕЛАТЬ БОРТИКИ, ПРОМАЖЬТЕ СТОЛБИКИ КЛЕЕМ И ОБМОТАЙТЕ ИХ ГРУБОЙ ПЕНЬКОВОЙ ВЕРЁВКОЙ.

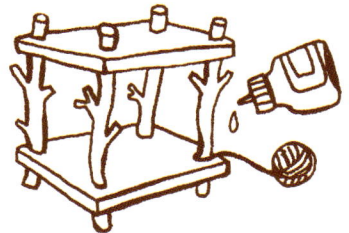

5 СДЕЛАЙТЕ ПОДВЕСКУ ИЗ ПРОЧНОЙ ВЕРЁВКИ ИЛИ ПРОВОЛОКИ.

НА ПРОГУЛКЕ

ИЗ СНЕЖНЫХ ШАРОВ МОЖНО ДЕЛАТЬ НЕ ТОЛЬКО СНЕГОВИКОВ. ЛИШЬ БЫ СНЕГ ЛЕПИЛСЯ!..

СНЕЖНАЯ ЛОШАДЬ

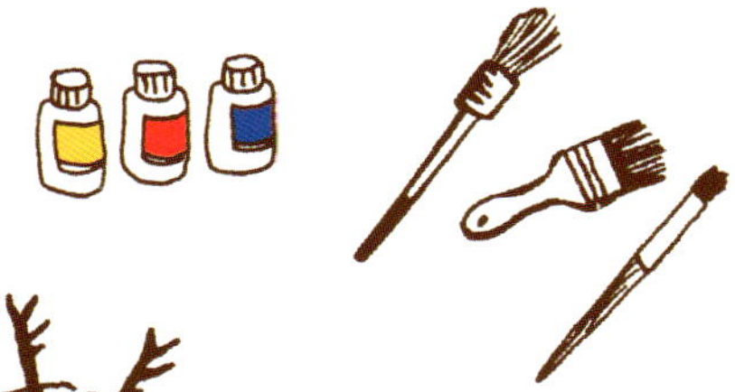

НЕ ЗАБУДЬ ВЗЯТЬ С СОБОЙ КРАСКИ, И У ТЕБЯ МОЖЕТ ПОЛУЧИТЬСЯ СИНЯЯ СОРОКОНОЖКА ИЛИ ДРАКОН ВСЕХ ЦВЕТОВ РАДУГИ. ДЛЯ КРЫЛЬЕВ ДРАКОНА СЛОЖИ ГАРМОШКОЙ ЖЁСТКУЮ ПЛЁНКУ ИЛИ ДРУГОЙ НЕПРОМОКАЕМЫЙ МАТЕРИАЛ.

ЕСЛИ ВЫНЕСТИ НА УЛИЦУ ИГРУШЕЧНЫХ ЖИВОТНЫХ ИЛИ ВЫЛЕПИТЬ ИХ ИЗ ПЛАСТИЛИНА, ТО МОЖНО ПОИГРАТЬ В ТАЙГУ ИЛИ АНТАРКТИДУ.

ФОРМОЧКИ ДЛЯ ПЕСКА И ВЕДЁРКИ НУЖНЫ НЕ ТОЛЬКО ЛЕТОМ. ЗИМОЙ ОНИ ПРИГОДЯТСЯ ДЛЯ СТРОИТЕЛЬСТВА СНЕЖНЫХ ГОРОДОВ И ЗАМКОВ.

ПРАВИЛА ИГРЫ В СНЕЖКИ
• ТОТ, В КОГО ТРИ РАЗА ПОПАЛИ СНЕЖКОМ, СТАНОВИТСЯ ПЛЕННЫМ.
• ПЛЕННЫЕ НЕ МОГУТ ВОЕВАТЬ ПРОТИВ СВОИХ, НО ОНИ ЛЕПЯТ СНЕЖКИ ДЛЯ ЗАХВАТИВШЕГО ИХ ПРОТИВНИКА.
• НЕЛЬЗЯ БРОСАТЬСЯ ЛЕДЫШКАМИ, НЕЛЬЗЯ БРОСАТЬ СНЕЖКИ В ГОЛОВУ. НАРУШИТЕЛЬ ВЫБЫВАЕТ ИЗ ИГРЫ.

ИГРА В СНЕЖКИ СТАНЕТ ЕЩЁ УВЛЕКАТЕЛЬНЕЕ, ЕСЛИ ПОСТРОИТЬ СНЕЖНУЮ КРЕПОСТЬ ИЗ ШАРОВ ИЛИ БЛОКОВ. СНЕЖНЫЕ БЛОКИ — ПРЕКРАСНЫЙ СТРОИТЕЛЬНЫЙ МАТЕРИАЛ! ФОРМОЙ ДЛЯ НИХ МОГУТ СЛУЖИТЬ БОЛЬШИЕ ПЛАСТИКОВЫЕ КОНТЕЙНЕРЫ ИЛИ ВЁДРА. НЕ ЗАБУДЬ СДЕЛАТЬ ДЛЯ КРЕПОСТИ ФЛАГ!

ОБОРОНИТЕЛЬНАЯ СТЕНА С БОЙНИЦАМИ

ИЗ БЛОКОВ УДОБНО СТРОИТЬ ВСЁ, ДАЖЕ ЭСКИМОССКОЕ И́ГЛУ!

СНЕЖНЫЙ ДОМ-И́ГЛУ

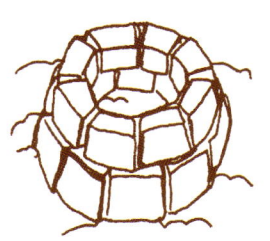
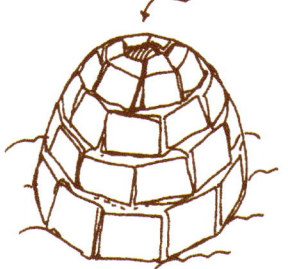

ЛАБИРИНТЫ

ИЗ СНЕЖНЫХ БЛОКОВ МОЖНО ПОСТРОИТЬ НАСТОЯЩИЙ ЛАБИРИНТ ЛЮБОЙ ВЫСОТЫ.

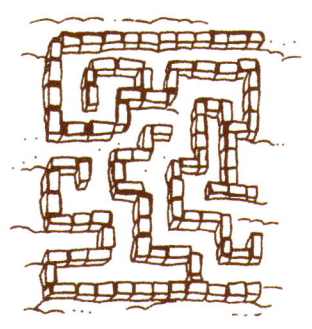

А ЕЩЁ ЛАБИРИНТ МОЖНО ДРУЖНО ПРОТОПТАТЬ В ГЛУБОКИХ СУГРОБАХ.

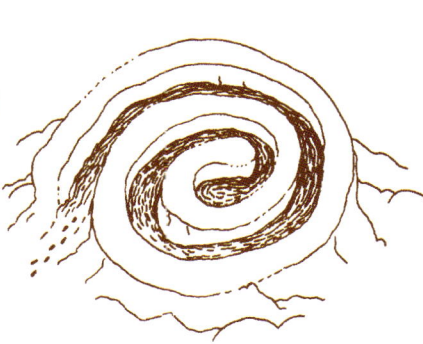

НАЙДИ НА КАРТИНКЕ

- СНЕГОВИК НА САНКАХ
- ЗВЕЗДА В ОКНЕ
- СНЕЖНАЯ КРЕПОСТЬ
- ФОНАРЬ ИЗ СНЕЖКОВ
- СНЕЖНЫЙ ДОМ
- 2 КОРМУШКИ ДЛЯ ПТИЦ
- ГИРЛЯНДА В ОКНЕ
- 2 СОВЫ
- ФОНАРЬ
- 5 ЗАЙЦЕВ
- МЕДВЕДЬ
- ЛОСЬ
- СНЕГОВИК С МЕТЛОЙ
- ДЕТИ ИГРАЮТ В КУЛИЧИКИ
- НАРЯЖЕННАЯ ЁЛКА
- СНЕГОВИК ВВЕРХ НОГАМИ
- ЛОПАТА ДЛЯ СНЕГА
- 2 ЗАМЁРЗШИХ ПРУДА
- ЁЛКА СО ЗВЕЗДОЙ
- ДЕД МОРОЗ В САНЯХ
- 2 РЫБАКА
- ЛЫЖНИК
- СОБАЧКА
- РЯБИНА
- 4 РЫБЫ
- ПЕНЁК
- 2 ДУПЛА
- ЛОШАДЬ
- ВОЛК
- КОТ
- ЁЛКА С ДВУМЯ СТВОЛАМИ
- ЧЕЛОВЕК СМОТРИТ ИЗ ОКНА
- САМАЯ МАЛЕНЬКАЯ ЁЛОЧКА
- ОХОТНИК
- КОЛОДЕЦ
- 11 ПТИЦ

- СНЕЖНЫЙ ТОННЕЛЬ
- КРУГЛОЕ ОКНО
- СОСУЛЬКИ
- ОЛЕНЬ
- БЕЛКА
- МОСТ
- ПАРА СНЕГОВИКОВ
- ДЕТИ НА САНКАХ
- МАЛЬЧИК НА ЁЛКЕ
- 2 ФЛАГА
- ЛЕДЯНАЯ ГОРКА
- ЁЛКА НА САНКАХ
- БЕРЁЗА
- ЛЕСТНИЦА
- ПТИЧЬИ СЛЕДЫ
- ЛОШАДЬ ИЗ СНЕГА
- ХОККЕИСТЫ
- РЕЧКА

НОВОГОДНЯЯ НАХОДИЛКА

НАЙДИ И ОТМЕТЬ ТО, ЧТО НАРИСОВАНО НА КАРТИНКАХ.

○ КТО-НИБУДЬ В ШАПКЕ ДЕДА МОРОЗА

○ ВСПОМНИ ТРИ СКАЗКИ ИЛИ ИСТОРИИ, ГДЕ ГОВОРИТСЯ О НОВОМ ГОДЕ ИЛИ РОЖДЕСТВЕ

○ 10 РАЗНЫХ ГИРЛЯНД

○ 10 ЁЛОК, НАРЯЖЕННЫХ ПО-РАЗНОМУ

○ ШАР СО СНЕГОМ

КАК СДЕЛАТЬ ПОХОЖУЮ ИГРУШКУ — СМОТРИ СТРАНИЦУ 19.

ТАМ, ГДЕ ВОДЯТСЯ ЭТИ ЖИВОТНЫЕ, ПОЧТИ ВСЁ ВРЕМЯ ЗИМА, ПОЭТОМУ ИХ ЧАСТО ИЗОБРАЖАЮТ НА НОВОГОДНИХ ОТКРЫТКАХ. НАЙДИ ИГРУШКИ ИЛИ КАРТИНКИ С ЭТИМИ ЖИВОТНЫМИ.

○ СЕВЕРНЫЙ ОЛЕНЬ   ○ БЕЛЫЙ МЕДВЕДЬ   ○ ПИНГВИН

ЗАНИМАТЕЛЬНАЯ ЗИМА

Зимой мы проводим много времени дома. Давай украсим свой дом ручными поделками, чтобы он стал по-настоящему уютным в это волшебное время праздников, подарков и весёлых игр.

СТАРИННЫЕ ПТИЦЫ
Раньше таких птиц выпиливали из дерева, а крылья делали из накрахмаленной ткани или вставляли в прорези солому.

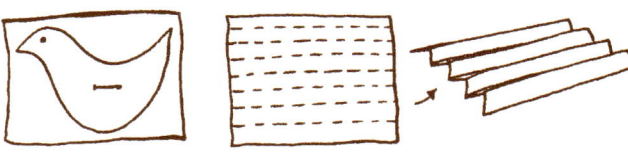

Вырежи туловище из плотного картона и попроси взрослого сделать в нём прорезь. Для крыльев возьми цветную бумагу или кальку, сложенную гармошкой. Туловище птицы разрисуй как хочешь. Птиц можно повесить на карниз окна, на люстру или ёлку.

ШАРЫ
Возьми небольшие мячики или пластиковые шарики диаметром 5-10 см, заверни в красивые лоскутки или папиросную бумагу. Концы свяжи крепкой ниткой, а затем привяжи красивую ленту для подвески.

УКРАШЕНИЯ ИЗ ЦВЕТНОГО ЛЬДА
Хорошо украсить дом не только внутри, но и снаружи. Зимой холодно, и ледяные украшения можно повесить за окном, на балконе или на деревьях во дворе.

Тебе понадобятся формочки для льда, пищевые красители и верёвочки.

ВОЛШЕБНЫЙ ДОМ

ВАМ ПОТРЕБУЕТСЯ КАРТОН ИЛИ ПЛОТНАЯ БУМАГА БОЛЬШОГО РАЗМЕРА, ЦВЕТНАЯ КАЛЬКА, СВЕТИЛЬНИК, КАНЦЕЛЯРСКИЙ НОЖ, КЛЕЙ.

ВРАЩАЮЩИЙСЯ СВЕТИЛЬНИК, РАБОТАЕТ ОТ СЕТИ.

СВЕТИЛЬНИКИ НА БАТАРЕЙКАХ

СВЕТОДИОД В ФОРМЕ СВЕЧИ

НЕЛЬЗЯ ИСПОЛЬЗОВАТЬ НАГРЕВАЮЩИЕСЯ СВЕТИЛЬНИКИ И НАСТОЯЩИЕ СВЕЧИ!

1 СДЕЛАЙТЕ ВЫКРОЙКУ ИЗ КАРТОНА. СТОРОНА ДОМА ДОЛЖНА БЫТЬ ШИРЕ СВЕТИЛЬНИКА. ПУСТЬ РЕБЁНОК НАРИСУЕТ ФИГУРНЫЕ ОКОШКИ, А ВЗРОСЛЫЙ ПРОРЕЖЕТ ИХ НОЖОМ.

2 ЗАКЛЕИВАЕМ ОТВЕРСТИЯ ЦВЕТНОЙ КАЛЬКОЙ С ВНУТРЕННЕЙ СТОРОНЫ. ПРОДАВЛИВАЕМ ЛИНИИ СГИБОВ ИГЛОЙ ИЛИ ШИЛОМ ПО ЛИНЕЙКЕ.

3 СГИБАЕМ И СКЛЕИВАЕМ ДОМ

4 ДОМ ГОТОВ!

ВКЛЮЧАЙТЕ ДОМИК ПЕРЕД СНОМ, ОН ТАК ТАИНСТВЕННО СВЕТИТСЯ!

А МОЖНО СДЕЛАТЬ **КРУГЛЫЙ ДОМ**!

ЕСЛИ СДЕЛАТЬ ВЫКРОЙКУ С ДНОМ, ДОМИК МОЖНО БУДЕТ ПОДВЕСИТЬ, А НЕБОЛЬШОЙ СВЕТИЛЬНИК ВСТАВИТЬ ВНУТРЬ ЧЕРЕЗ ОТВЕРСТИЕ В КРЫШЕ.

ЗВЁЗДЫ ИЗ ЖЕСТЯНКИ
Когда догорает греющая свеча, остаётся пустая жестянка. Её легко разрезать ножницами и превратить в блестящую звезду.

БУМАЖНЫЙ СНЕГОПАД
Если вырезать много бумажных снежинок и спустить их на тонких нитях с потолка или оконного карниза, получится очень красиво.

УКРАШЕНИЯ ИЗ ФЕТРА
Вырежи фигурки любой формы из толстого цветного фетра. Вместе со взрослым укрась их пуговицами и приделай нитки или ленты.

ЁЛКА-ПИРАМИДКА
Вырежите 20–30 кружочков из цветного фетра толщиной 4 мм. Начните с самого маленького диаметром 1 см, остальные кружочки увеличивайте на 3 мм каждый. Для ножки ёлки понадобится толстая пуговица или пробка. Для навершия используйте бусину или звезду из фетра. Скрепите ёлку ниткой, проведя её сквозь центры кружков. Похожую ёлку можно сделать из пуговиц.

СНЕГОПАД В БАНКЕ

1 Найдите красивую банку с завинчивающейся крышкой, подберите небольшую игрушку и приготовьте для неё основание, например камушек, пластмассовый кубик или вылепленный из пластики холмик. Хлопьями снега будут блёстки.

2 Склейте игрушку с основанием эпоксидным или секундным клеем, затем приклейте их к внутренней стороне крышки. Дайте клею полностью высохнуть.

3 Насыпьте в банку блёстки и налейте холодную кипячёную или дистиллированную воду. Добавьте глицерин, чтобы хлопья падали медленно [около 15 мл на 500 мл воды].

4 Очень плотно закройте банку крышкой с приклеенной игрушкой. Переверните банку — снег пошёл!

ТАИНСТВЕННЫЙ ЗИМНИЙ ЛЕС

Вам понадобятся несколько светильников на батарейках или светодиодная гирлянда, белый картон или плотная бумага, ножницы.

Вырежите несколько силуэтных изображений зимнего леса и согните их гармошкой, чтобы они стояли. Силуэты можно расставить в 2–3 ряда на большом листе бумаги и закрепить скотчем или клеем. Между рядами разложите светильники. Зимний лес будет очень красиво светиться в темноте.

ГИРЛЯНДЫ

ИЗ ФЕТРА ИЛИ ПУГОВИЦ

ИЗ КРАШЕНЫХ ШИШЕК

ИЗ КОМОЧКОВ ВАТЫ, ФОЛЬГИ

ИЗ ПОЛОСОК ТКАНИ

ГИРЛЯНДА ИЗ МОРСКИХ ФЛАЖКОВ
КАЖДЫЙ ФЛАЖОК ОБОЗНАЧАЕТ БУКВУ — ТУТ СОСТАВЛЕНО СЛОВО «ЗИМА». ЕСЛИ ТЫ ПОБОЛЬШЕ РАЗУЗНАЕШЬ О МОРСКОЙ АЗБУКЕ У ВЗРОСЛЫХ, ТО СМОЖЕШЬ СДЕЛАТЬ ГИРЛЯНДЫ С РАЗНЫМИ СЛОВАМИ.

ГИРЛЯНДА-РАСКЛАДУШКА МОЖЕТ СТОЯТЬ И ВИСЕТЬ

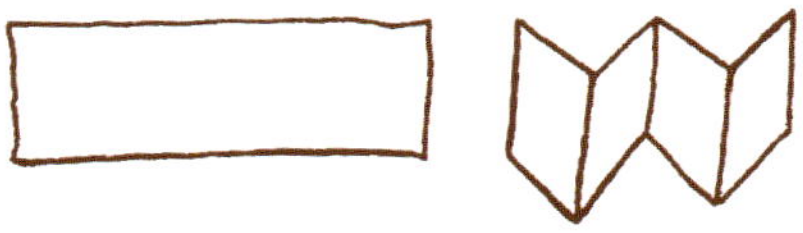

ГИРЛЯНДА-СПИРАЛЬ

ГИРЛЯНДЫ ОТТЕНКОВ
НА СВЕТЕ ЕСТЬ НЕ ТОЛЬКО 7 ГЛАВНЫХ ЦВЕТОВ РАДУГИ, НО И МНОЖЕСТВО ЦВЕТОВЫХ ОТТЕНКОВ — РАЗНЫЕ СИНИЕ, ЖЁЛТЫЕ, КРАСНЫЕ, ЗЕЛЁНЫЕ...

СОБЕРИ 10 ОТТЕНКОВ СВОЕГО ЛЮБИМОГО ЦВЕТА В ВИДЕ КУСОЧКОВ ЦВЕТНОГО КАРТОНА, ТКАНИ, УПАКОВОЧНОЙ БУМАГИ. ВЫРЕЖИ ИЗ НИХ ФЛАЖКИ И СДЕЛАЙ ГИРЛЯНДУ. А МОЖНО СДЕЛАТЬ ГИРЛЯНДУ ТЁПЛЫХ И ХОЛОДНЫХ ЦВЕТОВ.

ПОПРОБУЙ СДЕЛАТЬ ГИРЛЯНДУ ОТТЕНКОВ ОДНОГО ЦВЕТА, СМЕШИВАЯ КРАСКИ. ИСПОЛЬЗУЙ АКРИЛ ИЛИ ГУАШЬ С ДОБАВЛЕНИЕМ КЛЕЯ ПВА, ЧТОБЫ ОНА НЕ ПАЧКАЛАСЬ.

ЁЛКА

1 ВЫРЕЖИ ВЫКРОЙКУ ЁЛКИ, РАСКРАСЬ ЕЁ ИЛИ ОБКЛЕЙ КУСОЧКАМИ ЦВЕТНОЙ БУМАГИ С ОБЕИХ СТОРОН.

2 ПОПРОСИ ВЗРОСЛОГО СОГНУТЬ ЁЛКУ ПОПОЛАМ. ЧТОБЫ СДЕЛАТЬ ЭТО КРАСИВО, НУЖНО СНАЧАЛА ПРОДАВИТЬ ЛИНИЮ СГИБА ИГЛОЙ ИЛИ ШИЛОМ ПО ЛИНЕЙКЕ.

ПРОДОЛЖЕНИЕ НА ОБОРОТЕ

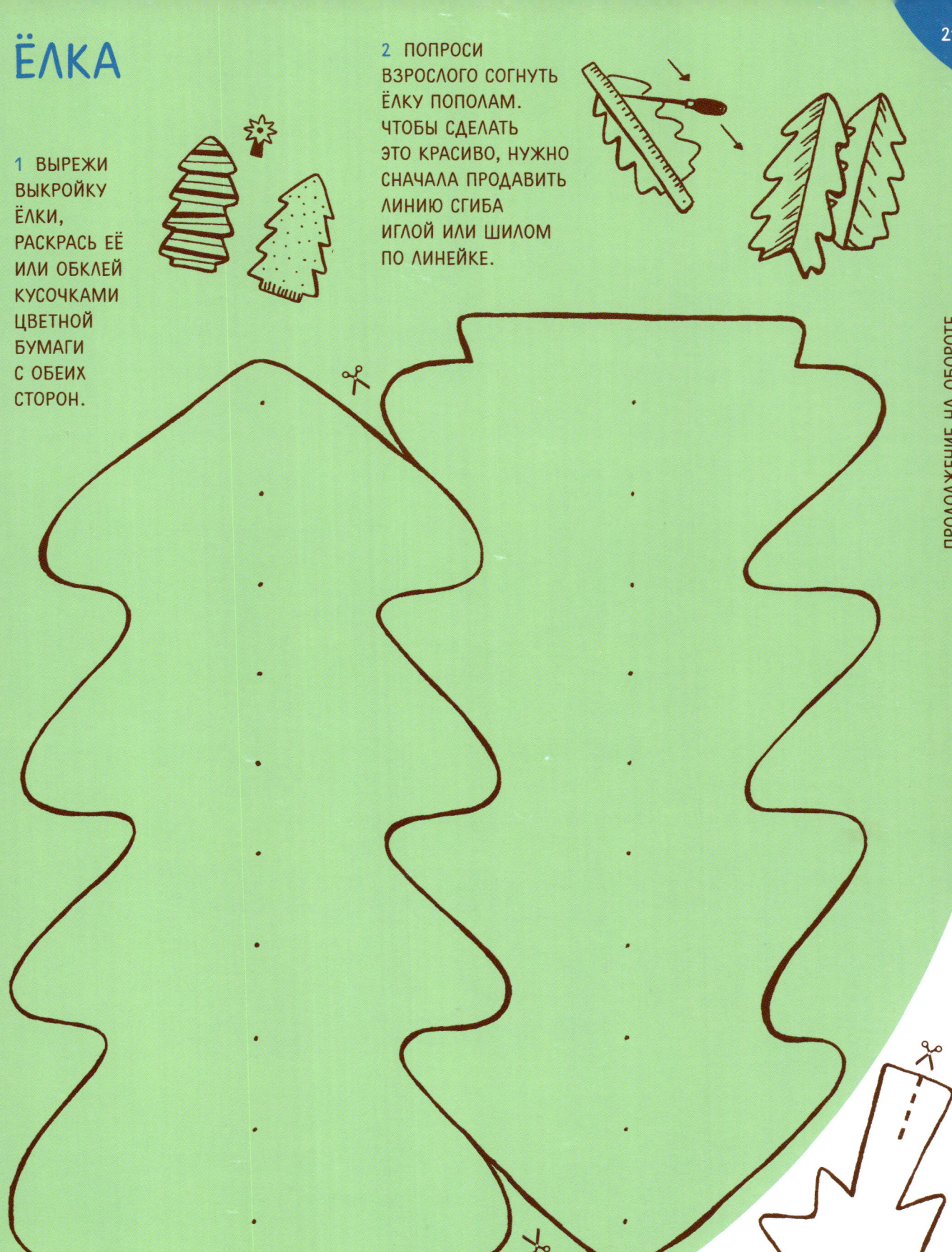

3 СШЕЙТЕ ДВЕ ЧАСТИ ЁЛКИ.

4 ОТОГНИТЕ КРАЯ.

5 ПРИДЕЛАЙТЕ ВЕРХУШКУ, НАДРЕЗАВ ЕЁ ОСНОВАНИЕ ПО ЛИНИИ.

ГОТОВУЮ ЁЛКУ МОЖНО ПОСТАВИТЬ ИЛИ ПОДВЕСИТЬ.

4 РАЗОГНИТЕ АНГЕЛА, ПРОДАВИТЕ ШИЛОМ ИЛИ ИГЛОЙ СГИБЫ РУК И ЗАГНИТЕ ИХ ВНИЗ.

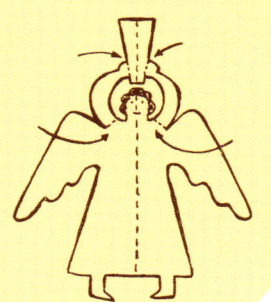

5 ПРОКОЛИТЕ ДЫРОЧКИ НА КРЫЛЬЯХ И ПРОДЕНЬТЕ НИТКУ.

ПОДВЕСЬТЕ АНГЕЛА НА ЛЮСТРУ, КАРНИЗ ОКНА ИЛИ ЁЛКУ.

ТЫ УЖЕ ПРИДУМАЛ, ЧТО НАПИСАТЬ В ПИСЬМЕ ДЕДУ МОРОЗУ? ПОСМОТРИ СПИСОК ПОЛЕЗНЫХ ПОДАРКОВ НА СЛЕДУЮЩЕЙ СТРАНИЦЕ, ПОТОМ ВЫРЕЖИ ЭТОТ ЛИСТ, НАПИШИ ПИСЬМО И НАРИСУЙ ПОДАРОК, КОТОРЫЙ ЗАГАДАЛ.

ПОЛЕЗНЫЕ ПОДАРКИ

- ☐ КОРОБОЧКИ ДЛЯ МЕЛОЧЕЙ
- ☐ ПЕЧАТКИ-ШТЕМПЕЛИ
- ☐ ПРОРАСТАЮЩИЙ ГИАЦИНТ ИЛИ КОМНАТНОЕ РАСТЕНИЕ

 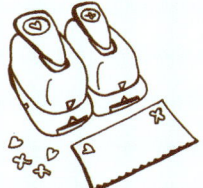  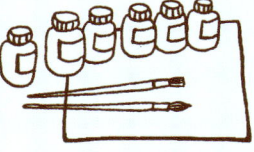

- ☐ НОЖНИЦЫ ДЛЯ ФИГУРНОГО РЕЗА
- ☐ ФИГУРНЫЕ ДЫРОКОЛЫ 
- ☐ БЛОКНОТ С БЕЛЫМИ ЛИСТАМИ
- ☐ КРАСКИ, КИСТИ И ПЛОТНАЯ БУМАГА

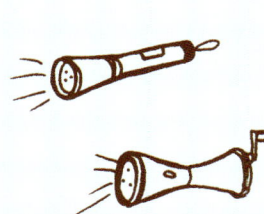   

- ☐ ФОНАРЬ НА БАТАРЕЙКАХ ИЛИ ДИНАМО-ФОНАРЬ
- ☐ ФОНАРЬ ДЛЯ СВЕЧИ
- ☐ КОМПАС
- ☐ СУМОЧКА

    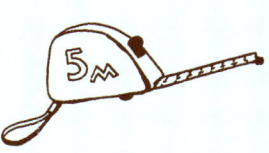

- ☐ ПЕСОЧНЫЕ ЧАСЫ
- ☐ КАЛЕЙДОСКОП
- ☐ ЛУПА 
- ☐ РУЧНЫЕ ВЕСЫ
- ☐ РУЛЕТКА ИЛИ САНТИМЕТР

ВЫБЕРИ, КАКИЕ ПОДАРКИ ТЫ БЫ ХОТЕЛ ПОЛУЧИТЬ К НОВОМУ ГОДУ.
НЕ ОТМЕЧАЙ ВСЁ СРАЗУ, ПОСОВЕТУЙСЯ СО ВЗРОСЛЫМИ.

ПОЧТОВЫЙ ЯЩИК

СДЕЛАЙ СВОЙ ПОЧТОВЫЙ ЯЩИК, ЧТОБЫ ИГРАТЬ В ПОЧТУ! А ЕЩЁ В НЕГО МОЖНО ПОЛОЖИТЬ ПИСЬМО ДЕДУ МОРОЗУ.

ВОЗЬМИ КОРОБКУ ОТ ОБУВИ, ПОКРАСЬ ЕЁ АКРИЛОВЫМИ КРАСКАМИ ИЛИ ОБКЛЕЙ ЦВЕТНОЙ БУМАГОЙ.

ПРИВЯЖИ ВЕРЁВОЧКУ, ЧТОБЫ ПОДВЕСИТЬ ЯЩИК, И ЗАВЯЗОЧКИ, ЧТОБЫ ЕГО ЗАКРЫВАТЬ И ОТКРЫВАТЬ.

ПРОРЕЖЬ ОТВЕРСТИЕ ДЛЯ ПИСЕМ И ОТКРЫТОК. НАПИШИ СЛОВО «ПОЧТА».

ПОДАРКИ

СДЕЛАЙ ПОДАРКИ ДЛЯ РОДНЫХ И ДРУЗЕЙ СВОИМИ РУКАМИ — ЭТО ВСЕГДА ОЧЕНЬ ПРИЯТНО! ПОДАРКАМИ МОГУТ БЫТЬ МНОГИЕ ПОДЕЛКИ ИЗ ЭТОЙ КНИГИ [СМОТРИ СТРАНИЦЫ 16–19]. А ВОТ ЕЩЁ НЕСКОЛЬКО ИДЕЙ.

САМОДЕЛЬНЫЕ ОТКРЫТКИ
НАРИСУЙ КАРТИНКУ НА НЕБОЛЬШОМ ЛИСТОЧКЕ КАРТОНА, НАКЛЕЙ ПОЧТОВУЮ МАРКУ И НАПИШИ АДРЕС.

КАРТИНКИ В РАМКАХ
ПОПРОСИ ВЗРОСЛОГО ПОМОЧЬ ТЕБЕ ОФОРМИТЬ ТВОИ КАРТИНКИ. ЭТО ПРЕКРАСНОЕ УКРАШЕНИЕ ДЛЯ ДОМА И ХОРОШИЙ ПОДАРОК.

К ПОДАРКАМ МОЖНО СДЕЛАТЬ КРАСИВЫЕ БИРОЧКИ.

ФИГУРНОЕ ПЕЧЕНЬЕ
НАГРЕЙТЕ В КАСТРЮЛЕ САХАР, ПАТОКУ, ВОДУ И СЛИВОЧНОЕ МАСЛО. ПЕРЕМЕШАЙТЕ, ДАЙТЕ НЕМНОГО ОСТЫТЬ, ДОБАВЬТЕ СПЕЦИИ И СОДУ. ВМЕСИТЕ ПОЧТИ ВСЮ МУКУ, ПОКА ТЕСТО НЕ СТАНЕТ МЯГКИМ И ГИБКИМ. ПОСЫПЬТЕ СВЕРХУ МУКОЙ И ПОСТАВЬТЕ НА НОЧЬ В ХОЛОДНОЕ МЕСТО.

ВЫЛОЖИТЕ ТЕСТО, ДАЙТЕ ЕМУ НЕМНОГО НАГРЕТЬСЯ И РАЗОМНИТЕ ДО МЯГКОСТИ. РАСКАТАЙТЕ ТОНКИМ СЛОЕМ И ВЫРЕЗАЙТЕ КАКИЕ УГОДНО ФИГУРКИ НОЖОМ ИЛИ ФОРМОЧКАМИ. ВЫПЕКАЙТЕ В ДУХОВКЕ ПРИ 180 °C В ТЕЧЕНИЕ 8–12 МИНУТ. ДАЙТЕ ПЕЧЕНЬЮ ОСТЫТЬ НА ПРОТИВНЕ. ФИГУРКИ МОЖНО УКРАСИТЬ ГЛАЗУРЬЮ.

ПЕЧЕНЬЕ ХОРОШО ХРАНИТСЯ. ЭТО ПРЕКРАСНЫЙ ПОДАРОК ИЛИ СЪЕДОБНОЕ УКРАШЕНИЕ НА ЁЛКУ. ИЗ ТАКОГО ТЕСТА МОЖНО СДЕЛАТЬ ПРЯНИЧНЫЙ ДОМИК НА РОЖДЕСТВО.

250–350 МЛ КОРИЧНЕВОГО САХАРА
150 МЛ ТЁМНОЙ ПАТОКИ ИЛИ СИРОПА ОТ ВАРЕНЬЯ
150 МЛ ВОДЫ
300 Г МАСЛА
2 СТ. ЛОЖКИ МОЛОТОЙ КОРИЦЫ
2 СТ. ЛОЖКИ МОЛОТОГО ИМБИРЯ
2 СТ. ЛОЖКИ МОЛОТОЙ ГВОЗДИКИ
1 СТ. ЛОЖКА ПИТЬЕВОЙ СОДЫ
1 КГ ПШЕНИЧНОЙ ИЛИ РЖАНОЙ МУКИ
2–3 СТ. ЛОЖКИ МЁДА

ИГРАЕМ ДОМА

ЛОШАДЬ НА ПАЛКЕ

1 ВОЗЬМИТЕ МУЖСКОЙ НОСОК БОЛЬШОГО РАЗМЕРА И НАБЕЙТЕ ЕГО СИНТЕПОНОМ НАПОЛОВИНУ. ЭТО ЗАГОТОВКА ДЛЯ ГОЛОВЫ.

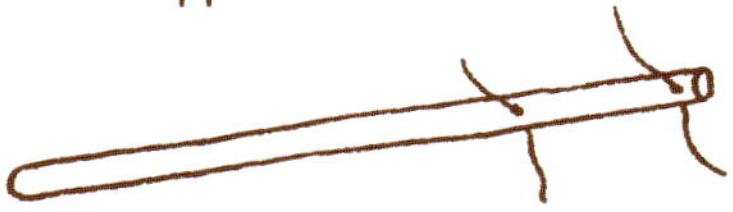

2 ОЧЕНЬ ВАЖНО ХОРОШО ЗАКРЕПИТЬ ГОЛОВУ ЛОШАДИ, ДЛЯ ЭТОГО НУЖНО ПРОСВЕРЛИТЬ В ПАЛКЕ ДВЕ ДЫРОЧКИ. КОНЕЦ ПАЛКИ НАКРОЙТЕ КУСКОМ ТКАНИ С СИНТЕПОНОМ, ПРОШЕЙТЕ БЕЧЁВКОЙ ЧЕРЕЗ ВЕРХНЮЮ ДЫРОЧКУ, ОБМОТАЙТЕ И ЗАВЯЖИТЕ.

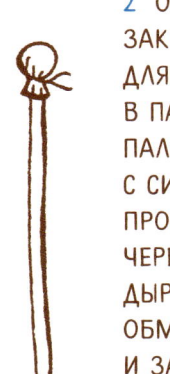

3 НАДЕНЬТЕ ЗАГОТОВКУ НА ПАЛКУ И НАБЕЙТЕ ЕЁ ДО КОНЦА СИНТЕПОНОМ. ПРИШЕЙТЕ БЕЧЁВКОЙ К ПАЛКЕ ЧЕРЕЗ ВТОРУЮ ДЫРОЧКУ, КРЕПКО ОБМОТАЙТЕ И ЗАВЯЖИТЕ.

4 ПРИШЕЙТЕ ГЛАЗА-ПУГОВИЦЫ, А УШИ СДЕЛАЙТЕ ИЗ ФЕТРА, КОЖИ ИЛИ ПАЛЬЧИКОВ СТАРЫХ ПЕРЧАТОК.

5 СДЕЛАЙТЕ ГРИВУ. ДЛЯ НЕЁ ПОДОЙДУТ ШЕРСТЯНЫЕ НИТКИ ИЛИ ЛЕНТЫ.

ЛОШАДЬ ГОТОВА! ПРИВЯЖИ УЗДЕЧКУ С БУБЕНЦАМИ И СКАЧИ!

ПАЛЬЧИКОВЫЕ КУКЛЫ ИЗ КАРТОНА ИЛИ ПЛОТНОЙ БУМАГИ — ЭТО МАЛЕНЬКИЙ ТЕАТР.

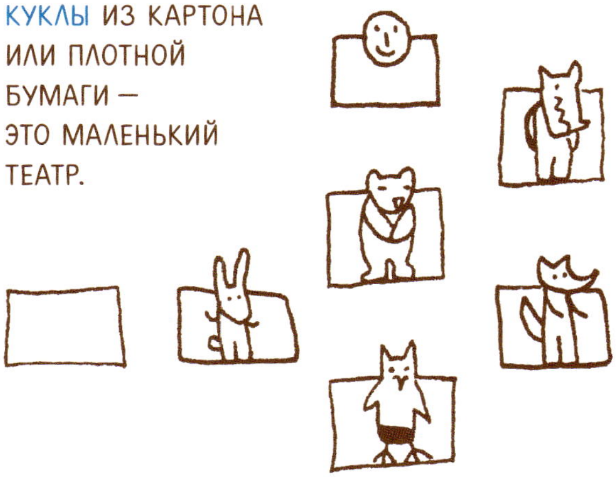

ВЫБЕРИ, КАКУЮ СКАЗКУ ТЫ БУДЕШЬ РАЗЫГРЫВАТЬ, И НАРИСУЙ ГЕРОЕВ. ГОЛОВЫ ВЫРЕЖИ ТАК, ЧТОБЫ ОНИ ВЫСТУПАЛИ ВВЕРХ. ОБМОТАЙ ЛИСТ ВОКРУГ ПАЛЬЦА И СКЛЕЙ.

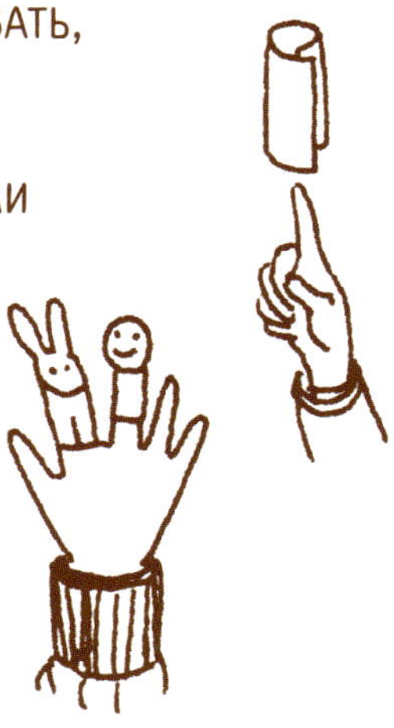

КАРТОННЫЙ ДОМ

НЕ ВЫКИДЫВАЙТЕ БОЛЬШИЕ КОРОБКИ ОТ БЫТОВОЙ ТЕХНИКИ И МЕБЕЛИ, ИЗ НИХ МОЖНО СДЕЛАТЬ ВМЕСТЕ С РЕБЁНКОМ ПРЕКРАСНЫЙ ДОМ!

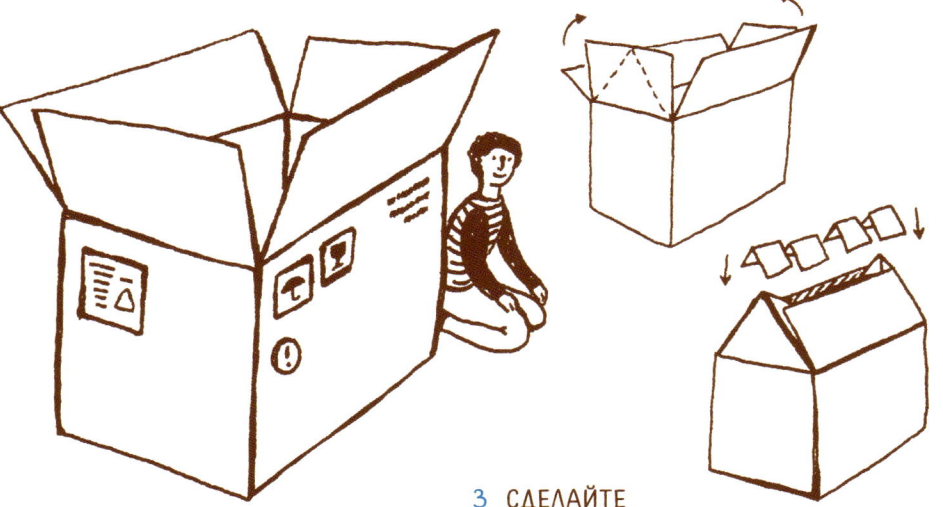

1 НАЧИНАЕМ С КРЫШИ. ЗАГНИТЕ УГЛЫ КОРОТКИХ КЛАПАНОВ КОРОБКИ И СКЛЕЙТЕ ИХ С ДЛИННЫМИ КЛАПАНАМИ СКОТЧЕМ. СВЕРХУ ОСТАЁТСЯ ШИРОКАЯ ЩЕЛЬ — ЗАДЕЛАЙТЕ ЕЁ ЛИСТАМИ КАРТОНА А3 ИЛИ А4, СОГНУТЫМИ ПОПОЛАМ.

2 ДОМ МОЖНО ПОКРАСИТЬ В ЛЮБОЙ ЦВЕТ — АКРИЛОМ ИЛИ ГУАШЬЮ С ДОБАВЛЕНИЕМ КЛЕЯ ПВА, ЧТОБЫ ОНА НЕ ПАЧКАЛАСЬ.

3 СДЕЛАЙТЕ ЧЕРЕПИЦУ ИЗ ЦВЕТНОГО КАРТОНА. ПРИКЛЕЙТЕ ЕЁ НА КРЫШУ РЯДАМИ, НАЧИНАЯ СНИЗУ.

4 ПРОРЕЖЬТЕ НОЖОМ ОКНА И ДВЕРЬ. КРАЯ И СГИБЫ ДЛЯ ПРОЧНОСТИ МОЖНО ОБКЛЕИТЬ ЦВЕТНЫМ СКОТЧЕМ.

5 ПРИДЕЛАЙТЕ К ДВЕРИ РУЧКУ ИЗ ВЕРЁВОЧКИ И ПОВЕСЬТЕ РЯДОМ КОЛОКОЛЬЧИК.

6 СДЕЛАЙТЕ В ДОМЕ СВЕТ С ПОМОЩЬЮ НОВОГОДНЕЙ ГИРЛЯНДЫ, ФОНАРИКА ИЛИ СВЕТИЛЬНИКА.

7 ВНУТРИ НАКЛЕЙТЕ НАРИСОВАННЫЕ ЧАСЫ И КАРТИНЫ.

8 ПОВЕСЬТЕ ЗАНАВЕСКИ НА ОКНА, УКРАСЬТЕ ДОМ ЦВЕТАМИ И ПОСТАВЬТЕ СТОЛ.

КАКОЙ УЮТНЫЙ ДОМ! ДОБРО ПОЖАЛОВАТЬ!

ИГРЫ СО ЛЬДОМ

ЛЕДЯНОЙ ФОНАРЬ

1 ВОЗЬМИ ДВЕ ПЛАСТИКОВЫЕ ЁМКОСТИ И ПОСТАВЬ ИХ ОДНУ В ДРУГУЮ. В МЕНЬШУЮ ПОЛОЖИ ЧТО-НИБУДЬ ТЯЖЁЛОЕ, НАПРИМЕР КАМНИ, А В БОЛЬШУЮ НАЛЕЙ ВОДУ.

2 ЧТОБЫ УКРАСИТЬ ФОНАРЬ, ПОЛОЖИ В ВОДУ ШИШКИ, ХВОЙНЫЕ ВЕТОЧКИ, ГРОЗДЬЯ РЯБИНЫ.

3 ПОМЕСТИ ВСЁ В МОРОЗНОЕ МЕСТО. КОГДА ФОНАРЬ ЗАМЁРЗНЕТ, ОКУНИ ЕГО В ТЁПЛУЮ ВОДУ, ЧТОБЫ ВЫНУТЬ ЁМКОСТИ. ХРАНИТЬ И ИСПОЛЬЗОВАТЬ ФОНАРЬ НАДО В ХОЛОДЕ.

4 ПРИГОТОВЬ СВЕЧКУ И ЗАЖГИ ФОНАРЬ, КОГДА СТЕМНЕЕТ.

РАЗНОЦВЕТНЫЕ ФОНАРИ

  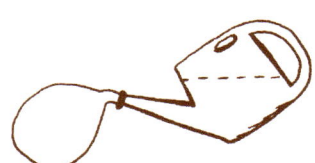  

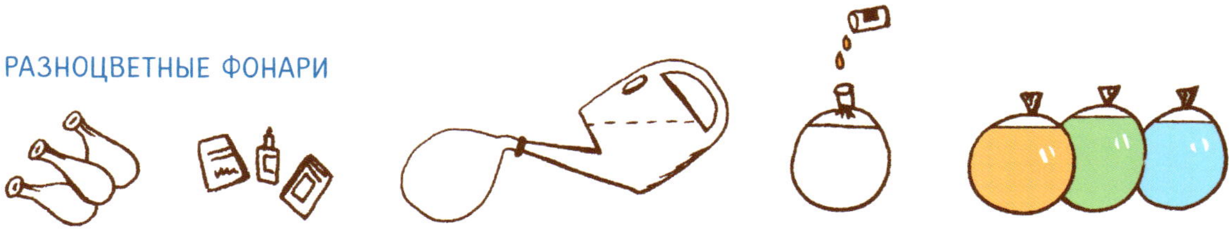

1 НАПОЛНИ ВОДОЙ ВОЗДУШНЫЕ ШАРИКИ, НЕ ДО КОНЦА, ЧТОБЫ ОСТАВАЛСЯ ВОЗДУХ. ДОБАВЬ ПИЩЕВЫЕ КРАСИТЕЛИ, ЗАВЯЖИ И ПОМЕСТИ В МОРОЗНОЕ МЕСТО НА 7-8 ЧАСОВ.

2 ДОСТАНЬ ШАРИКИ, ПОКА ОНИ НЕ ПОЛНОСТЬЮ ЗАМЁРЗЛИ. СНИМИ ОБОЛОЧКУ С ЛЕДЯНОГО ШАРА. СВЕРХУ ДОЛЖНО ОСТАТЬСЯ ОТВЕРСТИЕ, СЛЕЙ ЧЕРЕЗ НЕГО НЕЗАМЁРЗШУЮ ВОДУ.

3 ПОСТАВЬ ВНУТРЬ СВЕЧУ. ЕСЛИ ОТВЕРСТИЕ ОКАЗАЛОСЬ МАЛО, ПОПРОСИ ВЗРОСЛОГО РАСШИРИТЬ ЕГО. ЦВЕТНОЙ ЛЕДЯНОЙ ФОНАРЬ ГОТОВ! ХРАНИ И ИСПОЛЬЗУЙ ЕГО В ХОЛОДЕ.

ЛЕДНИКОВЫЙ ПЕРИОД И ПОТЕПЛЕНИЕ

ЗАМОРОЗЬ ИГРУШЕЧНЫХ ЖИВОТНЫХ В ПЛАСТИКОВОЙ ЁМКОСТИ С ВОДОЙ. ВЫНЬ ЛЁД, ПОЛОЖИ В ТЁПЛУЮ ВОДУ И НАБЛЮДАЙ.

МЫЛЬНЫЕ ПУЗЫРИ

ПОПРОБУЙ ПУСКАТЬ ИХ НА МОРОЗЕ. ЭТО БУДЕТ ЗДОРОВО!

ЗВЁЗДЫ ЗИМОЙ

ЗИМОЙ РАНО ТЕМНЕЕТ. ЗАГОРОДОМ ХОРОШО НАБЛЮДАТЬ ЗА ЗВЁЗДАМИ.

ВЫБЕРИ ЗИМНИЙ ВЕЧЕР, КОГДА НЕТ ОБЛАКОВ И ЗВЁЗДЫ ХОРОШО ВИДНЫ. ОНИ РАССЫПАНЫ ПО НЕБУ, КАК БЕСЧИСЛЕННЫЕ КРУПИНКИ. ЗВЁЗДЫ ОБРАЗУЮТ СОЗВЕЗДИЯ, И КАЖДОЕ ИМЕЕТ СВОЁ НАЗВАНИЕ.

ПОПРОБУЙ ОТЫСКАТЬ КОВШ ИЗ СЕМИ ЯРКИХ ЗВЁЗД. ЭТО САМАЯ ЗАМЕТНАЯ ЧАСТЬ СОЗВЕЗДИЯ БОЛЬШОЙ МЕДВЕДИЦЫ. НА НЕБЕ ОНА ЖИВЁТ НЕ ОДНА, ЕСТЬ ТАМ И МАЛАЯ МЕДВЕДИЦА. В ЭТОМ СОЗВЕЗДИИ ТЫ МОЖЕШЬ УВИДЕТЬ ПОЛЯРНУЮ ЗВЕЗДУ, КОТОРАЯ, КАК КОМПАС, ВСЕГДА УКАЗЫВАЕТ НА СЕВЕР.

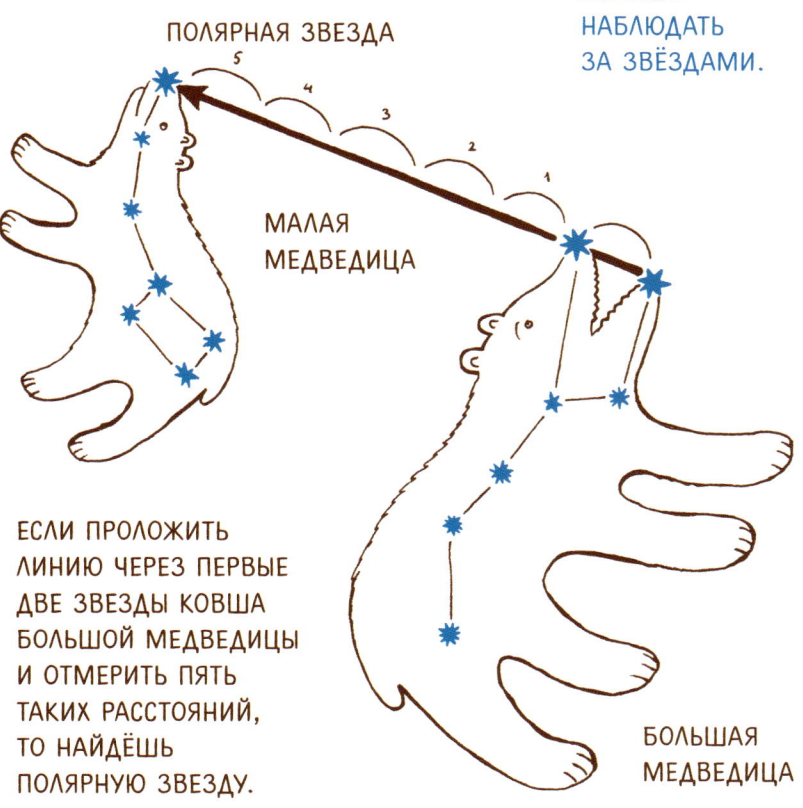

ЕСЛИ ПРОЛОЖИТЬ ЛИНИЮ ЧЕРЕЗ ПЕРВЫЕ ДВЕ ЗВЕЗДЫ КОВША БОЛЬШОЙ МЕДВЕДИЦЫ И ОТМЕРИТЬ ПЯТЬ ТАКИХ РАССТОЯНИЙ, ТО НАЙДЁШЬ ПОЛЯРНУЮ ЗВЕЗДУ.

ПРОВОЖАЕМ ЗИМУ

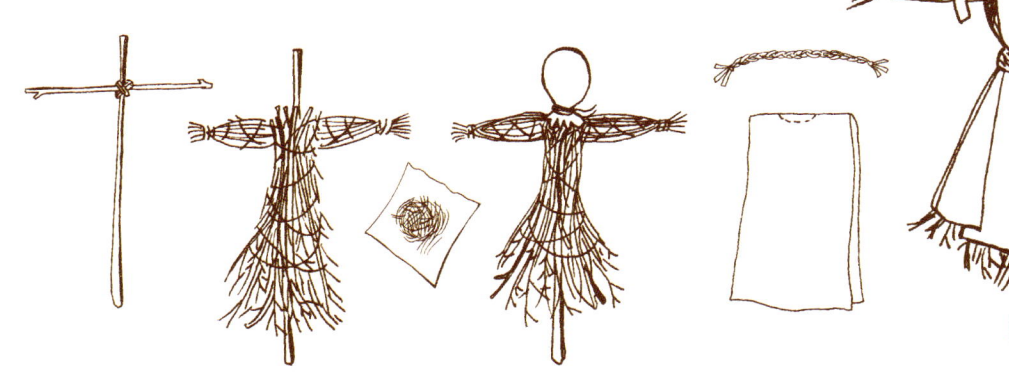

ЕСТЬ ДРЕВНИЙ ОБЫЧАЙ НА МАСЛЕНИЦУ СЖИГАТЬ КУКЛУ, СДЕЛАННУЮ ИЗ СОЛОМЫ. ОНА СИМВОЛИЗИРУЕТ УХОДЯЩУЮ ЗИМУ.

1 МАСЛЕНИЧНУЮ КУКЛУ МОЖНО СДЕЛАТЬ ИЗ ДВУХ ПАЛОК, СОЕДИНИВ ИХ КРЕСТОМ И ПРИВЯЗАВ К НИМ ВЕТКИ ИЛИ СОЛОМУ. МОЖНО ИСПОЛЬЗОВАТЬ ТАКЖЕ СТАРЫЕ ВЕНИКИ И ОБЁРТОЧНУЮ БУМАГУ. ГОЛОВУ НАБЕЙТЕ СУХОЙ ТРАВОЙ ИЛИ БУМАГОЙ.

2 НАДЕНЬТЕ НА КУКЛУ ПЛАТЬЕ, МЕШОК ИЛИ ЧТО УГОДНО, НО ОБЯЗАТЕЛЬНО ИЗ НАТУРАЛЬНЫХ МАТЕРИАЛОВ.

3 СПЛЕТИТЕ КОСЫ ИЗ ПОЛОСОК ТКАНИ ИЛИ БУМАГИ. НАДЕНЬТЕ КУКЛЕ ПЛАТОК И НАРИСУЙТЕ ЛИЦО. ГЛАЗА ОБЫЧНО РИСУЮТ ЗАКРЫТЫМИ.

4 МОЖНО ВОТКНУТЬ КУКЛУ В СНЕГ ИЛИ УСТАНОВИТЬ НА КУЧЕ ВЕТОК, ЧТОБЫ КОСТЁР БЫЛ БОЛЬШИМ. ДО СВИДАНИЯ, ЗИМА!

ТВОИ ЗИМНИЕ НАБЛЮДЕНИЯ

ОТМЕТЬ ЗДЕСЬ ИЛИ В НАСТЕННОМ КАЛЕНДАРЕ, КОГДА ТЫ ЗАМЕТИЛ ЭТИ ЯВЛЕНИЯ.

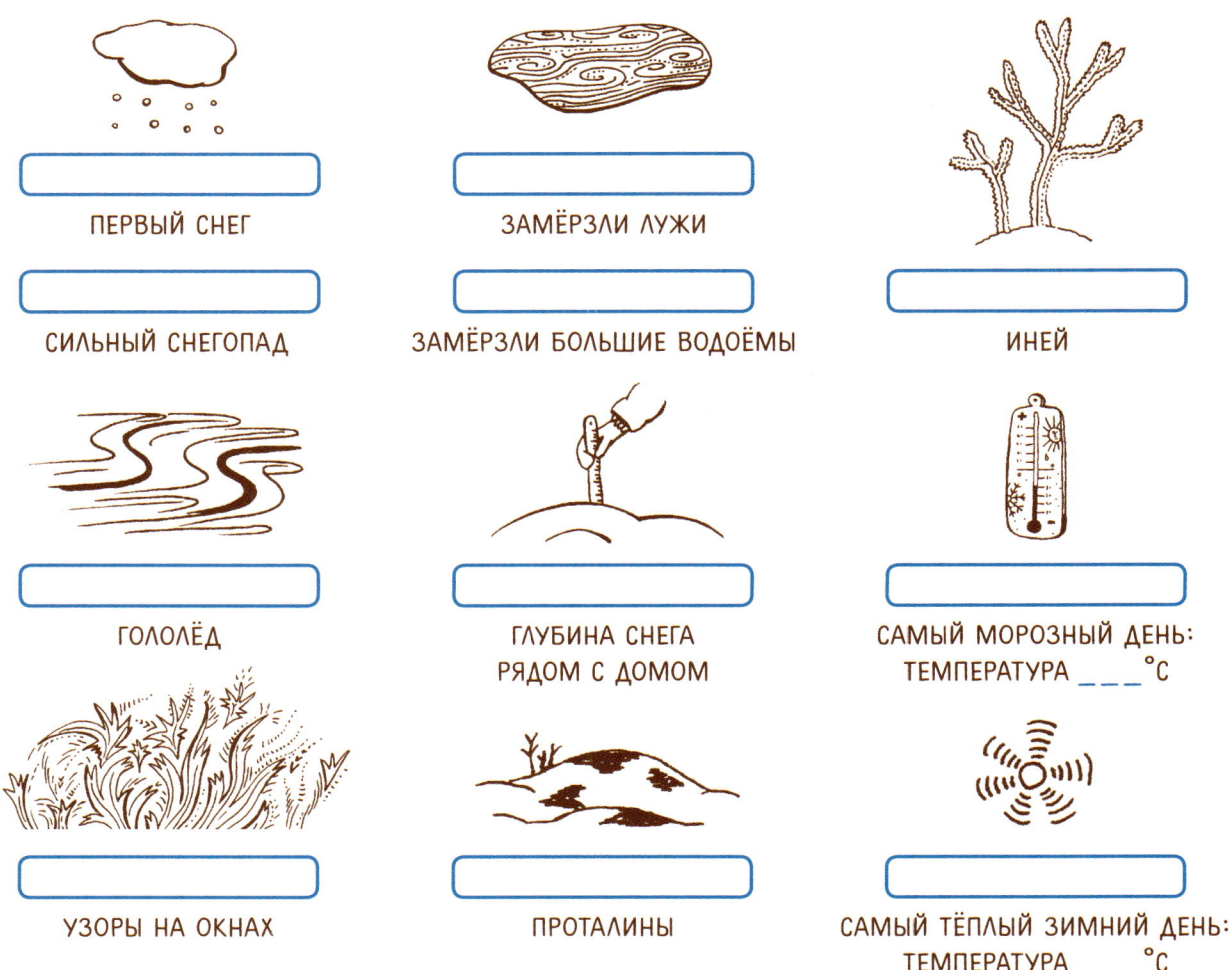

ПЕРВЫЙ СНЕГ

ЗАМЁРЗЛИ ЛУЖИ

СИЛЬНЫЙ СНЕГОПАД

ЗАМЁРЗЛИ БОЛЬШИЕ ВОДОЁМЫ

ИНЕЙ

ГОЛОЛЁД

ГЛУБИНА СНЕГА РЯДОМ С ДОМОМ

САМЫЙ МОРОЗНЫЙ ДЕНЬ: ТЕМПЕРАТУРА ____ °C

УЗОРЫ НА ОКНАХ

ПРОТАЛИНЫ

САМЫЙ ТЁПЛЫЙ ЗИМНИЙ ДЕНЬ: ТЕМПЕРАТУРА ____ °C

ИЗДАНИЕ ДЛЯ ДОСУГА
ДЛЯ ЧТЕНИЯ ВЗРОСЛЫМИ ДЕТЯМ

ЗИНА СУРОВА, ФИЛИПП СУРОВ
ЗАНИМАЛКИ. ЗИМА

КОНЦЕПЦИЯ И ИЛЛЮСТРАЦИИ: ЗИНА СУРОВА
ТЕКСТ, ДИЗАЙН И ВЁРСТКА: ЗИНА И ФИЛИПП СУРОВЫ
ОТВЕТСТВЕННЫЙ РЕДАКТОР: АНАСТАСИЯ КРЕНЁВА
КОРРЕКТОР: ЮЛИЯ МОЛОКОВА

ШРИФТ PLAINSCRIPT: ТАГИР САФАЕВ
ФОРМАТ 84×108/16 [200×260 ММ]
КАРТОН МЕЛОВАННЫЙ. ДОП. ТИРАЖ 4000
ПОДПИСАНО В ПЕЧАТЬ 25.11.2013

ООО «МАНН, ИВАНОВ И ФЕРБЕР»
WWW.MANN-IVANOV-FERBER.RU
FACEBOOK.COM/MIFDETSTVO
VK.COM/MIFDETSTVO

ЗИНА И ФИЛИПП СУРОВЫ:
ZINASUROVA.LIVEJOURNAL.COM

ОТПЕЧАТАНО В ТИПОГРАФИИ «КЕМ», МОСКВА

УДК 379.84
ББК 77.056

С90 СУРОВА З., СУРОВ Ф.
ЗАНИМАЛКИ. ЗИМА. УВЛЕКАТЕЛЬНЫЕ ЗАНЯТИЯ ДЛЯ ДЕТЕЙ И РОДИТЕЛЕЙ / ЗИНА СУРОВА, ФИЛИПП СУРОВ.— М.: МАНН, ИВАНОВ И ФЕРБЕР, 2014.— 32 С.: ИЛ.

«ЗАНИМАЛКИ. ЗИМА» — ЭТО СБОРНИК ТВОРЧЕСКИХ ЗАДАНИЙ И ИГР, С КОТОРЫМИ ВАШ РЕБЁНОК ВЕСЕЛО ПРОВЕДЁТ ЗИМУ.

КАК ВЫЛЕПИТЬ САМОГО НЕОБЫЧНОГО ВО ДВОРЕ СНЕГОВИКА? КАК ПОСТРОИТЬ СНЕЖНУЮ КРЕПОСТЬ ИЛИ ЛАБИРИНТ? КАКИЕ БЫВАЮТ КОРМУШКИ ДЛЯ ПТИЦ? КАК СДЕЛАТЬ СВОИМИ РУКАМИ ЛОШАДКУ НА ПАЛКЕ, ИГРУШЕЧНЫЙ ДОМ, ПРАЗДНИЧНЫЕ УКРАШЕНИЯ И ПОДАРКИ? ЭТА КНИГА ПОДСКАЖЕТ ВАМ МНОЖЕСТВО ИДЕЙ, А СТРАНИЦЫ С НАХОДИЛКАМИ СДЕЛАЮТ УВЛЕКАТЕЛЬНОЙ ЛЮБУЮ ПРОГУЛКУ.

АВТОРЫ, ЗИНА И ФИЛИПП СУРОВЫ, ПРИДУМЫВАЮТ И РИСУЮТ ВМЕСТЕ ДЕТСКИЕ КНИГИ, ПРОВОДЯТ ЗАНЯТИЯ С ДЕТЬМИ И ЗАНИМАЮТСЯ ДИЗАЙНОМ ДЕТСКОГО ПРОСТРАНСТВА.

ISBN 978-5-91657-975-8

© СУРОВА З.М, СУРОВ Ф.Л. ТЕКСТ, ИЛЛЮСТРАЦИИ, ОФОРМЛЕНИЕ, 2014
© ООО «МАНН, ИВАНОВ И ФЕРБЕР». ИЗДАНИЕ НА РУССКОМ ЯЗЫКЕ, 2014